特色农产品质量安全管控"一品一策"丛书

磐安猕猴桃全产业链质量安全风险管控手册

孙彩霞　陈文明　主编

中国农业出版社
北　京

图书在版编目（CIP）数据

磐安猕猴桃全产业链质量安全风险管控手册 / 孙彩霞, 陈文明主编. -- 北京：中国农业出版社, 2024.7.
ISBN 978-7-109-32134-2

Ⅰ. F326.13-62

中国国家版本馆CIP数据核字第2024QA9857号

中国农业出版社出版
地址：北京市朝阳区麦子店街18号楼
邮编：100125
责任编辑：阎莎莎
版式设计：杨　婧　责任校对：吴丽婷　责任印制：王　宏
印刷：北京缤索印刷有限公司
版次：2024年7月第1版
印次：2024年7月北京第1次印刷
发行：新华书店北京发行所
开本：787mm×1092mm　1/24
印张：2.5
字数：30千字
定价：35.00元

特色农产品质量安全管控"一品一策"丛书

总 主 编：杨 华

《磐安猕猴桃全产业链质量安全风险管控手册》

编 写 人 员

主　　编	孙彩霞　陈文明
副 主 编	刘玉红　石红静
技术指导	杨　华　褚田芬　王　强　张德明
参　　编	（按姓氏笔画排序）

于国光　王哲亨　孔冠斌　厉中良

卢思佳　付显锋　吕春波　任霞霞

李安中　李依岚　张国洪　张胡超

张铭心　陈加多　陈有来　陈金良

陈海明　陈桑斐　陈婉蘋　郑玲玲

郑焕平　郑蔚然　曹阳婷

插　　图 夙夙

前　言

　　猕猴桃原产于我国长江流域，已有1 000多年的栽培历史。李时珍在《本草纲目》中记载："其形如梨，其色如桃，而猕猴喜食，故有诸名。"猕猴桃还有许多别名，如藤梨、毛梨、羊桃、奇异果等。在《诗经》《尔雅》中称其为"苌楚"，唐代诗人岑参所作《太白东溪张老舍即事　寄舍弟侄等》一诗中有"中庭井阑上，一架猕猴桃"之句，说明唐代即有"猕猴桃"这一名称。

　　猕猴桃营养丰富，经济价值高，被誉为"水果之王""维C之冠""世界珍果""绿色的金库"（新西兰）和"美容果"（日本），是世界特色新兴水果，因丰富的营养物质和功能性成分使其具有很高的营养价值与保健功能，具有广阔的市场前景。《尔雅》《本草衍义》《本草纲目》《植物名实图考》等历代著作均对其食疗保健功效进行了记载和说明。中国猕猴桃资源丰富，种植面积及产

· 1 ·

量均居世界第一位，特别是边远贫困地区猕猴桃栽培面积占全国猕猴桃栽培总面积的46.4%，是实现全面脱贫和产业兴旺的重要产业。"十三五"期间浙江省猕猴桃发展势头强劲，2020年猕猴桃种植面积为14.9万亩，产量为9.6万吨，产值5.0亿元。对比2015年，猕猴桃的种植面积增加了32%，产量增加了68%，产值增幅达59%。近年来，浙江省通过实施"一县一品一策"项目，有力推动了猕猴桃产业的发展。在该项目带动下，磐安县农业农村局和浙江省农业科学院农产品质量安全与营养研究所围绕猕猴桃质量安全风险隐患排查、标准化生产技术提升、安全用药和品质提升等方面开展猕猴桃用药和质量安全风险管控技术研究和应用。在前期工作基础上形成本手册，以期为猕猴桃产业健康发展和质量安全管理提供指导借鉴。

感谢浙江省农业农村厅、浙江省财政厅对"一县一品一策"项目的大力支持。本手册在编写过程中得到了相关专家的悉心指导，有关同行提供了相关资料，谨在此致以衷心感谢。由于作者水平有限，加之编写时间仓促，书中难免存在疏漏，敬请广大读者批评指正。

编　者

2023年8月

目　　录

一、概　　述

　　猕猴桃（*Actinidia chinensis*）为猕猴桃科猕猴桃属多年生藤本植物，原产于我国，20世纪早期被引入新西兰。目前，猕猴桃广泛分布于世界五大洲23个国家和地区。猕猴桃果实细嫩多汁、酸甜可口，被誉为"水果之王"和"维C之冠"，还具有抗癌保健功效，受到全球消费者的青睐。我国猕猴桃产业起步于20世纪70年代，在我国大部分地区都有分布，近30年来，国内猕猴桃种植规模和产量持续增长，连续多年稳居全球第一位。目前，猕猴桃产业已成为我国猕猴桃主产区农业发展和乡村振兴的支柱产业。猕猴桃产业面临重大发展机遇，如何按照现代农业产业发展的基本要求，从政策、规划及技术等方面推进我国猕猴桃产业高质量发展，意义重大。

　　磐安县地处浙江中部山区，生态环境良好。猕猴桃产业发展始于20世纪80年代，在浙江省农业科学院专家支持下，先后在深泽、冷水、仁川、双峰、高二、维新、大盘等乡镇引进布鲁诺和海沃德猕猴桃品种。近年来又陆续引进红阳、金果、金艳、东红等品种，产业规模从最初的几百亩*发展到6 000余亩。同时，

---

　　*　亩为非法定计量单位，1亩＝1/15公顷。——编者注

磐安县山区野生猕猴桃资源丰富，拥有野生资源6万余亩。猕猴桃产业逐渐成为磐安县农民收入的重要来源。2019—2022年，磐安县金土地农业开发有限公司、磐安县百江源生态农业开发有限公司、磐安县云顶家庭农场和磐安县尚湖镇陈爱良家庭农场经中国绿色食品发展中心核准，均获得绿色食品标志使用权，为磐安县猕猴桃产业高质量发展发挥了积极作用。

随着猕猴桃产业的发展，全面提高农民的生产管理水平，进而提高猕猴桃种植的成功率和果实的商品率十分必要。通过推行现代化、规模化、机械化、标准化生产模式，真正实现猕猴桃产业的优质、高效、绿色生产，可以更好地提高磐安猕猴桃的品质和质量安全水平，从而提升磐安猕猴桃品牌知名度，以推动磐安猕猴桃产业的发展。

二、猕猴桃质量安全要求

1. 我国现有猕猴桃标准汇总

猕猴桃在我国分布广泛，除了浙江省外，陕西省、河南省、四川省、湖南省、湖北省等地均有种植。为提升猕猴桃产业发展水平和标准化种植技术，相关部门制定了国家和行业标准，各地也根据实际生产需求制定了相应的生产技术标准。目前我国现行有效的猕猴桃相关国家、行业和浙江省地方标准见表1。

表1　猕猴桃相关国家、行业和浙江省地方标准目录

标准编号	标准名称
GB 19174—2010	猕猴桃苗木
GB/T 19557.11—2022	植物品种特异性(可区别性)、一致性和稳定性测试指南 猕猴桃属
GB/T 40743—2021	猕猴桃质量等级
NY/T 425—2000	绿色食品 猕猴桃
NY/T 844—2017	绿色食品 温带水果
NY/T 1392—2015	猕猴桃采收与贮运技术规范
NY/T 1394—2007	浆果贮运技术条件

（续）

标准编号	标准名称
NY/T 1464.72—2018	农药田间药效试验准则 第72部分：杀菌剂防治猕猴桃溃疡病
NY/T 1794—2009	猕猴桃等级规格
NY/T 2324—2013	农作物种质资源鉴定评价技术规范 猕猴桃
NY/T 2351—2013	植物新品种特异性、一致性和稳定性测试指南 猕猴桃属
NY/T 2636—2014	温带水果分类和编码
NY/T 2933—2016	猕猴桃种质资源描述规范
NY/T 3026—2016	鲜食浆果类水果采后预冷保鲜技术规程
NY/T 3550—2020	浆果类水果良好农业规范
NY/T 3639—2020	中华猕猴桃品种鉴定 SSR分子标记法
NY/T 3762—2020	猕猴桃苗木繁育技术规程
NY/T 3861—2021	猕猴桃主要病虫害防治技术规程
NY/T 4352—2023	浆果类水果中花青苷的测定 高效液相色谱法
NY/T 5108—2002	无公害食品 猕猴桃生产技术规程
QB/T 2027—1994	猕猴桃酒
QB/T 4629—2014	猕猴桃罐头
QB/T 5476.3—2023	果酒 第3部分：猕猴桃酒
SN/T 3764—2013	猕猴桃举肢蛾检疫鉴定方法

（续）

标准编号	标准名称
SN/T 4849.6—2017	出口食品及饮料中常见小浆果成分的检测方法 实时荧光PCR法 第6部分：猕猴桃
SN/T 5545—2022	猕猴桃果腐病菌检疫鉴定方法
SB/T 10201—1993	猕猴桃浓缩汁
SB/T 11026—2013	浆果类果品流通规范
DB33/T 226—2015	猕猴桃栽培技术规程

2. 猕猴桃质量安全要求

猕猴桃的质量安全指标主要包括农药残留和重金属两类。我国《食品安全国家标准 食品中农药最大残留限量》(GB 2763—2021)主要规定了141种农药在猕猴桃中的残留限量标准，具体见表2。

表2 猕猴桃中农药最大残留限量指标

农药中文名称	农药英文名称	功能	最大残留限量（毫克/千克）	每日允许摄入量（毫克/千克）（以体重计）
阿维菌素	abamectin	杀虫剂	0.02	0.001
苯醚甲环唑	difenoconazole	杀菌剂	5	0.01

（续）

农药中文名称	农药英文名称	功能	最大残留限量（毫克/千克）	每日允许摄入量（毫克/千克）（以体重计）
吡唑醚菌酯	pyraclostrobin	杀菌剂	5	0.03
草铵膦	glufosinate-ammonium	除草剂	0.6	0.01
虫螨腈	chlorfenapyr	杀虫剂	7	0.03
虫酰肼	tebufenozide	杀虫剂	0.5	0.02
春雷霉素	kasugamycin	杀菌剂	2^*	0.113
哒螨灵	pyridaben	杀螨剂	5	0.01
代森锰锌	mancozeb	杀菌剂	2	0.03
啶酰菌胺	boscalid	杀菌剂	5	0.04
毒死蜱	chlorpyrifos	杀虫剂	2	0.01
多菌灵	carbendazim	杀菌剂	5	0.03
多抗霉素	polyoxins	杀菌剂	0.1^*	10
多杀霉素	spinosad	杀虫剂	0.05^*	0.02
噁霉灵	hymexazol	杀菌剂	0.1^*	0.2
二嗪磷	diazinon	杀虫剂	0.2	0.005

（续）

农药中文名称	农药英文名称	功能	最大残留限量 （毫克/千克）	每日允许摄入量 （毫克/千克） （以体重计）
氟氯氰菊酯和高效氟氯氰菊酯	cyfluthrin and beta-cyfluthrin	杀虫剂	0.5	0.04
咯菌腈	fludioxonil	杀菌剂	15	0.4
环酰菌胺	fenhexamid	杀菌剂	15*	0.2
活化酯	acibenzolar-S-methyl	杀菌剂	0.03	0.08
己唑醇	hexaconazole	杀菌剂	3	0.005
甲氨基阿维菌素苯甲酸盐	emamectin benzoate	杀虫剂	0.02	0.000 5
甲基硫菌灵	thiophanate-methyl	杀菌剂	5	0.09
甲氰菊酯	fenpropathrin	杀虫剂	5	0.03
喹啉铜	oxine-copper	杀菌剂	0.5	0.02
联苯菊酯	bifenthrin	杀虫剂、杀螨剂	2	0.01
螺虫乙酯	spirotetramat	杀虫剂	0.02*	0.05
螺螨酯	spirodiclofen	杀螨剂	2	0.01

（续）

农药中文名称	农药英文名称	功能	最大残留限量（毫克/千克）	每日允许摄入量（毫克/千克）（以体重计）
氯吡脲	forchlorfenuron	植物生长调节剂	0.05	0.07
氯虫苯甲酰胺	chlorantraniliprole	杀虫剂	5*	2
氯氟氰菊酯和高效氯氟氰菊酯	cyhalothrin and lambda-cyhalothrin	杀虫剂	0.5	0.02
咪鲜胺和咪鲜胺锰盐	prochloraz and prochloraz-manganese chloride complex	杀菌剂	7	0.01
醚菌酯	kresoxim-methyl	杀菌剂	5	0.4
嘧霉胺	pyrimethanil	杀菌剂	10	0.2
氰戊菊酯和S-氰戊菊酯	fenvalerate and esfenvalerate	杀虫剂	1	0.02
噻虫啉	thiacloprid	杀虫剂	0.2	0.01
噻虫嗪	thiamethoxam	杀虫剂	2	0.08
噻嗪酮	buprofezin	杀虫剂	10	0.009

（续）

农药中文名称	农药英文名称	功能	最大残留限量（毫克/千克）	每日允许摄入量（毫克/千克）（以体重计）
四聚乙醛	metaldehyde	杀螺剂	0.1	0.1
戊唑醇	tebuconazole	杀菌剂	5	0.03
烯啶虫胺	nitenpyram	杀虫剂	1	0.53
溴氰菊酯	deltamethrin	杀虫剂	0.05	0.01
乙烯利	ethephon	植物生长调节剂	2	0.05
异丙噻菌胺	isofetamid	杀菌剂	3*	0.05
异菌脲	iprodione	杀菌剂	5	0.06
茚虫威	indoxacarb	杀虫剂	5	0.01
吡虫啉	imidacloprid	杀虫剂	2	0.06
氟啶虫胺腈	sulfoxaflor	杀虫剂	2	0.05
噻菌铜	thiediazole-copper	杀菌剂	3*	0.000 78
2,4-滴和2,4-滴钠盐	2,4-D and 2,4-D Na	除草剂	0.1	0.01
胺苯磺隆	ethametsulfuron	除草剂	0.01	0.2
巴毒磷	crotoxyphos	杀虫剂	0.02*	暂无

（续）

农药中文名称	农药英文名称	功能	最大残留限量（毫克/千克）	每日允许摄入量（毫克/千克）（以体重计）
百草枯	paraquat	除草剂	0.01*	0.005
倍硫磷	fenthion	杀虫剂	0.05	0.007
苯线磷	fenamiphos	杀虫剂	0.02	0.000 8
丙酯杀螨醇	chloropropylate	杀虫剂	0.02*	暂无
草甘膦	glyphosate	除草剂	0.1	1
草枯醚	chlornitrofen	除草剂	0.01*	暂无
草芽畏	2,3,6-TBA	除草剂	0.01*	暂无
敌百虫	trichlorfon	杀虫剂	0.2	0.002
敌敌畏	dichlorvos	杀虫剂	0.2	0.004
地虫硫磷	fonofos	杀虫剂	0.01	0.002
丁硫克百威	carbosulfan	杀虫剂	0.01	0.01
啶虫脒	acetamiprid	杀虫剂	2	0.07
毒虫畏	chlorfenvinphos	杀虫剂	0.01	0.000 5
毒菌酚	hexachlorophene	杀菌剂	0.01*	0.000 3
对硫磷	parathion	杀虫剂	0.01	0.004
二溴磷	naled	杀虫剂	0.01*	0.002

（续）

农药中文名称	农药英文名称	功能	最大残留限量（毫克/千克）	每日允许摄入量（毫克/千克）（以体重计）
氟虫腈	fipronil	杀虫剂	0.02	0.000 2
氟除草醚	fluoronitrofen	除草剂	0.01*	暂无
氟唑菌酰胺	fluxapyroxad	杀菌剂	7*	0.02
格螨酯	2,4-dichlorophenyl benzenesulfonate	杀螨剂	0.01*	暂无
庚烯磷	heptenophos	杀虫剂	0.01*	0.003（临时）
环螨酯	cycloprate	杀螨剂	0.01*	暂无
甲胺磷	methamidophos	杀虫剂	0.05	0.004
甲拌磷	phorate	杀虫剂	0.01	0.000 7
甲磺隆	metsulfuron-methyl	除草剂	0.01	0.25
甲基对硫磷	parathion-methyl	杀虫剂	0.02	0.003
甲基硫环磷	phosfolan-methyl	杀虫剂	0.03*	暂无
甲基异柳磷	isofenphos-methyl	杀虫剂	0.01*	0.003
甲氧滴滴涕	methoxychlor	杀虫剂	0.01	0.005
久效磷	monocrotophos	杀虫剂	0.03	0.000 6

（续）

农药中文名称	农药英文名称	功能	最大残留限量（毫克/千克）	每日允许摄入量（毫克/千克）（以体重计）
抗蚜威	pirimicarb	杀虫剂	1	0.02
克百威	carbofuran	杀虫剂	0.02	0.001
乐果	dimethoate	杀虫剂	0.01	0.002
乐杀螨	binapacryl	杀螨剂、杀菌剂	0.05*	暂无
磷胺	phosphamidon	杀虫剂	0.05	0.000 5
硫丹	endosulfan	杀虫剂	0.05	0.006
硫环磷	phosfolan	杀虫剂	0.03	0.005
硫线磷	cadusafos	杀虫剂	0.02	0.000 5
氯苯甲醚	chloroneb	杀菌剂	0.01	0.013
氯磺隆	chlorsulfuron	除草剂	0.01	0.2
氯菊酯	permethrin	杀虫剂	2	0.05
氯酞酸	chlorthal	除草剂	0.01*	0.01
氯酞酸甲酯	chlorthal-dimethyl	除草剂	0.01	0.01
氯唑磷	isazofos	杀虫剂	0.01	0.000 05
茅草枯	dalapon	除草剂	0.01*	0.03

（续）

农药中文名称	农药英文名称	功能	最大残留限量 （毫克/千克）	每日允许摄入量 （毫克/千克） （以体重计）
嘧菌环胺	cyprodinil	杀菌剂	10	0.03
嘧菌酯	azoxystrobin	杀菌剂	5	0.2
灭草环	tridiphane	除草剂	0.05*	0.003（临时）
灭多威	methomyl	杀虫剂	0.2	0.02
灭螨醌	acequincyl	杀螨剂	0.01	0.023
灭线磷	ethoprophos	杀线虫剂	0.02	0.000 4
内吸磷	demeton	杀虫剂、 杀螨剂	0.02	0.000 04
噻虫胺	clothianidin	杀虫剂	0.07	0.1
三氟硝草醚	fluorodifen	除草剂	0.01*	暂无
三氯杀螨醇	dicofol	杀螨剂	0.01	0.002
杀虫脒	chlordimeform	杀虫剂	0.01	0.001
杀虫畏	tetrachlorvinphos	杀虫剂	0.01	0.002 8
杀螟硫磷	fenitrothion	杀虫剂	0.5	0.006
杀扑磷	methidathion	杀虫剂	0.05	0.001
水胺硫磷	isocarbophos	杀虫剂	0.05	0.003

（续）

农药中文名称	农药英文名称	功能	最大残留限量 （毫克/千克）	每日允许摄入量 （毫克/千克） （以体重计）
速灭磷	mevinphos	杀虫剂、杀螨剂	0.01	0.000 8
特丁硫磷	terbufos	杀虫剂	0.01*	0.000 6
特乐酚	dinoterb	除草剂	0.01*	暂无
涕灭威	aldicarb	杀虫剂	0.02	0.003
戊硝酚	dinosam	杀虫剂、除草剂	0.01*	暂无
烯虫炔酯	kinoprene	杀虫剂	0.01*	暂无
烯虫乙酯	hydroprene	杀虫剂	0.01*	0.1
消螨酚	dinex	杀螨剂、杀虫剂	0.01*	0.002
硝磺草酮	mesotrione	除草剂	0.01	0.5
辛硫磷	phoxim	杀虫剂	0.05	0.004
溴甲烷	methyl bromide	熏蒸剂	0.02*	1
溴氰虫酰胺	cyantraniliprole	杀虫剂	4*	0.03
氧乐果	omethoate	杀虫剂	0.02	0.000 3

（续）

农药中文名称	农药英文名称	功能	最大残留限量 （毫克/千克）	每日允许摄入量 （毫克/千克） （以体重计）
乙酰甲胺磷	acephate	杀虫剂	0.02	0.03
乙酯杀螨醇	chlorobenzilate	杀螨剂	0.01	0.02
抑草蓬	erbon	除草剂	0.05*	暂无
茚草酮	indanofan	除草剂	0.01*	0.003 5
蝇毒磷	coumaphos	杀虫剂	0.05	0.000 3
治螟磷	sulfotep	杀虫剂	0.01	0.001
艾氏剂	aldrin	杀虫剂	0.05	0.000 1
滴滴涕	DDT	杀虫剂	0.05	0.01
狄氏剂	dieldrin	杀虫剂	0.02	0.000 1
毒杀芬	camphechlor	杀虫剂	0.05*	0.000 25
六六六	HCH	杀虫剂	0.05	0.005
氯丹	chlordane	杀虫剂	0.02	0.000 5
灭蚁灵	mirex	杀虫剂	0.01	0.000 2
七氯	heptachlor	杀虫剂	0.01	0.000 1
异狄氏剂	endrin	杀虫剂	0.05	0.000 2
保棉磷	azinphos-methyl	杀虫剂	1	0.03

*该限量为临时限量。

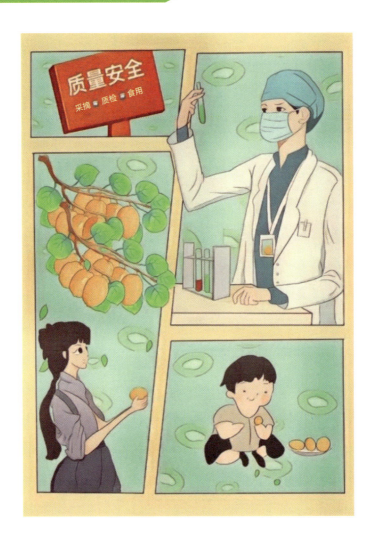

三、园地建设

1. 园地选择

生产基地应远离城区、工矿区、交通主干线、工业污染源、生活垃圾场等，地形开阔，阳光充足，灌溉水源充足，排灌设施完备。

土壤种类以轻壤土、中壤土、沙壤土为宜，土层深厚，pH 5.5～6.5，地下水位要在1米以下，坡度25°以下。

2. 园地规划

园地宜配置田间工作房、作业道、灌溉（排水）渠道，园地两端留出田间工作机械通道等。行向宜选择南北向。面积较大时，应根据地形划分作业小区，小区一般长不超过150米，宽为40～50米。

3. 附属设施

管理区分区合理，基地应建有冷库、产品仓库和投入品仓库等库房，其建设标准应根据建筑物用途和建设地区条件等合理确定。有条件的生产基地搭建水肥一体化设施。

4.棚架搭建

（1）避雨设施

根据生产实际情况，建造避雨设施。单栋大棚棚架肩高2.2～2.5米、顶高3.5～4.0米，跨度6.0米；连栋大棚棚架肩高3米、顶高4.9～5.2米，跨度6.0～8.0米；均选用5毫米无滴耐用塑料薄膜覆盖。

（2）架型选择

栽培选择T型小棚架。由一根立柱、一根横梁、三根拉丝组

成。立柱和横梁为混凝土预制材料，立柱规格250厘米×10厘米×10厘米，入土70厘米，柱距4.0～6.0米，每行两端用地锚拉线固定，立柱倾斜30°；横梁规格为150厘米×10厘米×5厘米，立柱左右平分；拉丝用镀锌高强度防锈铁丝，三根排列在架面上。

四、标准化种植技术

1. 定植

定植前开定植沟，沟宽60～80厘米，深30～50厘米，每亩施优质腐熟有机肥3 000千克、过磷酸钙100千克，将肥料与熟土混匀后沟施，先填熟土后填生土，略高于地面，形成馒头状种植垄，开好畦沟和排水沟。

12月到翌年3月上旬均可定植，选择无病、根系健壮的嫁接苗，种植前修剪断根，用1%硫酸铜浸泡5分钟，在2%石灰泥浆中蘸根后定植。株行距3米×4米，配置花期一致的雄株，雌雄比例8∶1。定植时将苗扶直，以苗木主干为中心，做一直径30～40厘米的盘状穴，根系舒展在种植穴内，填土踩实，轻提苗木，使根系与土壤充分接触，再填土，并浇透水。

2.树体培养

（1）幼树培养

苗木定植后，在饱满芽上方处短截，促进新梢萌发，选择直立向上、生长健壮的新梢作主干培养，其他枝条摘心留作辅养枝。主干用竹竿或细线作临时支柱，垂直向上而不弯曲缠绕。

主干达到1.8～2.2米进行摘心，促进顶端抽发出多条新梢，从中选择两条健壮的新梢作主蔓，朝左右两个方向，其余摘心留作营养枝。当主蔓长到40厘米时，绑缚于中心铁丝上，使主蔓在架面上呈Y形分布。当主蔓达1.5米时，主蔓反复摘心，培养芽体饱满健壮的主蔓。

（2）定植后枝梢管理

一干两蔓。主蔓延长生长至7月下旬，对主蔓摘心，再次延长时继续重复摘心，培育充实的主蔓。在主蔓上每隔30厘米选留一结果母枝，左右分布，同侧结果母枝间距60厘米。在结果母枝上每隔15～20厘米留一结果枝。

3.修剪

（1）夏季修剪

在5—8月进行，疏除过密的枝条，留下来的枝条待长到1.3米时扭梢，促进枝梢木质化。按照去弱留强的原则培养来年的结果枝，把结果母枝基部着生的旺盛结果枝上的花蕾摘除，以便留作来年的结果枝。

（2）结果枝条修剪

结果枝留6～8片叶摘心，长势较弱的短果枝留4片叶摘心。

（3）冬季修剪

12月到翌年2月，在果树进入休眠落叶后进行冬季修剪。清除病枝弱枝、过密枝条，已结过果的枝条要短截或疏掉。对长果枝可留芽8～10个，中果枝留芽5～7个，短果枝留芽2～4个。

（4）雄株修剪

在雄树开花授粉结束后进行修剪，每株留枝4～6个，每枝留芽5～6个，修剪结束后应及时补充水肥，待枝梢长至1.3米时进行扭捎。

（5）修剪后保护

修剪后及时涂抹伤口保护剂。

4.花果管理

（1）疏蕾

花蕾分化后两周进行疏蕾，花蕾间距离20厘米为宜，疏去背上芽蕾和背下芽蕾，保留侧芽蕾。根据结果枝的强弱调整花蕾数量，强长果枝留花蕾7～9个，中等结果枝留花蕾5～7个，短果枝留花蕾3～5个。

（2）授粉

以人工授粉为主，蜜蜂授粉为辅。人工授粉在晴天上午9：00后进行，采集当天刚开放、花粉尚未散失的雄花，用雄花的雄蕊在雌花柱头上涂抹，一朵雄花可授5～6朵雌花；采用授粉器授粉，雄花粉可购买或自己采集制作，以自己采集雄花花粉为宜，按雄花花粉与面粉质量比1：12为宜，授粉24小时后雌花柱头颜色由乳白色变为淡黄色，而未授粉的柱头仍为乳白色，应补授一次。

（3）疏果

在授粉后10～15天内进行疏果，疏除少叶或无叶的果枝和结果母枝上着生的多余结果枝，疏除最上端与最下端的果、边果、小果、畸形果、病虫果，长果枝留果5～7个，中等结果枝留果3～5个，短果枝留果2～3个。

五、土肥水管理

1. 土壤管理

(1) 深翻改土

采果后至落叶前半个月，配合每年秋季果园土壤管理和基肥施入，进行株间和行间轮换深翻改土。第一年从定植穴外沿向外挖环状沟，宽度30～40厘米，深度40厘米，第二年接着上年深翻的边沿向外扩展深翻，全园深翻一遍，整平。以此循环。

(2) 中耕除草

生长季及时中耕除草，保持土壤疏松。

(3) 覆盖

夏季高温来临前，用稻草、玉米秸秆等覆盖在树冠下，厚度10～15厘米，上面压少量土，连续覆盖3～4年后浅翻一次，以培肥地力、保湿降温。秋季将覆盖材料结合深翻、清园，翻压入沟底作有机肥。

2. 肥料管理

(1) 原则

根据当地土壤养分情况分析，遵循综合营养、精准营养原则。以有机肥料与无机肥料相结合、大量元素与中微量元素相结合，并参考土壤肥力、树势进行肥料管理。肥料的种类、质量和使用方法应符合NY/T 394规定。

（2）施肥方法及用量

①基肥。

（a）果树周围深施结合翻耕改土的方法进行。以见根不伤根为宜，施肥沟宽30～40厘米，深度40厘米，施肥沟位置逐年向外扩展40～50厘米。沟土回填时将有机肥与土壤充分混匀。10月上中旬至11月底前施用，每亩施2 000千克腐熟农家有机肥和0.1%～0.2%的硼砂液。施基肥后应灌水。

（b）果园中施肥沟布满后，采用全园翻耕后撒施再翻耕的方式施肥，翻耕深度20～30厘米。

（c）肥料中氮、磷、钾的配合比例为1：（0.7～0.8）：（0.8～0.9），复合肥和生物菌肥的比例为2：8。

②追肥。

（a）追肥时，幼园在树冠投影范围内撒施，树冠封行后全园撒施，浅翻10～15厘米。追肥后应灌水。有条件的生产基地可采用水肥一体化追肥。

（b）幼树3—8月追施速效肥3～4次。萌芽前，以速效氮肥为主；5月上旬至6月上旬，果实膨大期追肥以复合肥为主；采收前1个月，每亩根施硫酸钾24～28千克。

（c）叶面肥全年喷施1～2次。选择阴天或上午10：00前和傍晚进行叶面喷雾。常用叶面肥为0.3％～0.5％尿素、0.2％～0.3％磷酸二氢钾和微量元素溶液。最后一次叶面肥在果实采收前15～20天施用。

3.水分管理

(1)原则

根据猕猴桃各生育期的需水规律、天气情况以及土壤墒情确定灌水周期、次数和单次灌水量。水质应符合GB 5084的规定。

(2)灌溉

土壤湿度保持在田间最大持水量的70%～80%为宜，低于65%时应灌水，清晨叶片上不显潮湿时应灌水。萌芽期、花前、花后根据土壤湿度各灌水1次，但花期应控制灌水。果实迅速膨大期根据土壤湿度灌水2～3次。果实采收前15天左右应停止灌水。越冬前灌水1次。

(3)排水

及时清淤，疏通排水系统。

六、病虫害防治

1. 主要病虫害

猕猴桃主要病害有溃疡病、褐斑病、灰霉病和花腐病等，主要虫害有蚜虫、叶蝉和小卷叶蛾等。

2. 防治原则

猕猴桃病虫害防治遵循"预防为主，综合防治"的原则，以保护基地生态环境为基础，结合农业防治、物理防治、生物防治等绿色防控措施，科学合理使用化学防治。

3. 田间监测

开展系统监测和大田普查，结合历年发生情况和气象资料进行科学预测。

4. 植物检疫

从外地调运的苗木及其他繁殖材料应经过检疫，不得带有检疫性有害生物。

5. 农业防治

（1）合理布局

果园及周围应避免种植害虫嗜食的寄主植物，避免与和猕猴桃有相同病虫害的果树混栽。

（2）清洁果园

冬季结合修剪，做好杂草、落叶、病残体以及各种害虫的越冬虫囊、虫体清除，春、夏季对发病枯死植株及时清理，并进行销毁或深埋处理。

（3）修剪工具消毒

冬、夏季修剪时，剪刀用75%酒精进行消毒。

（4）科学管理

通过合理的水、肥、修剪等栽培措施，增强树势，提高树体抗逆能力，营造不利于病虫繁殖传播的园内小气候。

（5）树干涂白

秋季果实采收后及时进行树干涂白。先把生石灰用水溶解，然后加入石硫合剂原液和动

物油，再加入盐搅匀即成。涂白剂配方为生石灰∶石硫合剂原液∶盐∶动物油∶水＝6∶1∶0.5∶0.2∶（10～15）。

6.物理防治

（1）灯光诱杀

设施栽培大棚内每30～50亩安装一盏频振式杀虫灯，安装高度与猕猴桃冠层面齐平，3—10月开灯诱杀蝙蝠蛾、透翅蛾等害虫，每隔2～3天清理一次接虫袋，诱杀高峰期（6—7月）每天清理一次。

（2）粘虫板诱杀

果园中悬挂黄板诱杀橘小实蝇、叶蝉和蚜虫等害虫，每亩悬挂20～30块，20～30天更换一次。

（3）糖醋液诱杀

诱集装置离地面高度设在1.2～1.5米，可诱集蝙蝠蛾、透翅蛾、橘小实蝇、金龟子等害虫。建议每亩设置40～50个，每20天更换一次。糖醋液配方为酒：水：糖：醋＝1：16：1：4。

（4）人工捕杀

于金龟子成虫发生期，在清晨或傍晚成虫活跃时震动树枝，捕杀成虫；在主干或枝蔓上发现有较大虫孔时，宜使用铁丝从蛀孔刺死透翅蛾、蝙蝠蛾、天牛等幼虫。

7.生物防治

（1）天敌保护和利用

选择对天敌安全的农药或生物制剂，采取助育和人工饲放天敌控制害虫。

（2）生物农药

用春雷霉素、中生菌素等生物农药喷雾预防病害。在2月喷施2～3次，9月喷施1次。

（3）拮抗微生物菌剂

采用叶面、树体喷施及根施拮抗微生物菌剂预防病害。

（4）性信息素诱杀

每亩设置性诱剂 1 ~ 3 个，每 30 ~ 45 天更换一次诱芯。

8.化学防治

（1）按照"预防为主，综合防治"的原则，优先使用生物源农药、矿物源农药和高效低毒低残留农药，禁止使用剧毒、高毒、高残留及国家明令禁止在果蔬上使用的农药。

（2）根据主要病虫害的发生情况，适期防治。选用登记的农药和NY/T 393的推荐用药，严格掌握施药剂量（或浓度）、施药次数和安全间隔期，提倡混用或轮用不同作用机理的农药品种。

（3）农药剂型宜选择水分散粒剂、水乳剂、可溶液剂、悬浮剂、可溶性粒剂等环境友好剂型。

猕猴桃常见病虫害药剂使用方法见表3。

表3　猕猴桃常见病虫害药剂使用方法

防治对象	农药名称	含量	使用剂量	使用方法
溃疡病	春雷·噻唑锌	40%悬浮剂	800~1 000倍液	发病前或发病初期喷施
	喹啉铜	33.5%悬浮剂	800~1 200倍液	
褐斑病	苯甲·丙环唑	300克/升水乳剂	2 000~2 500倍液	发病前或发病初期喷施
	唑醚·氟酰胺	43%悬浮剂	1 500~2 000倍液	
	小檗碱	0.5%水剂	400~500倍液	
灰霉病	香芹酚	0.5%水剂	800~1 000倍液	发病前或发病初期喷施

（续）

防治对象	农药名称	含量	使用剂量	使用方法
花腐病	春雷·噻唑锌	40%悬浮剂	800～1 200倍液	萌芽期和花蕾期喷施
	喹啉铜	33.5%悬浮剂	800～1 200倍液	
叶蝉	除虫菊素	1.5%水乳剂	600～1 000倍液	低龄幼虫盛发期喷施
蚜虫	苦参碱	1.5%可溶液剂	3 000～4 000倍液	低龄幼虫发生期喷施
小卷叶蛾	苦皮藤素	1%水乳剂	4 000～5 000倍液	低龄幼虫发生期喷施
蝙蝠蛾	苦皮藤素	1%水乳剂	4 000～5 000倍液	初龄幼虫在地面活动期在树冠下及树干基部进行喷雾防治
透翅蛾	苦皮藤素	1%水乳剂	4 000～5 000倍液	5—6月发现透翅蛾成虫，喷雾防治

七、灾害防治措施

1. 防倒春寒措施

（1）春灌

可在萌芽前后浇水 1 ~ 2 次，推迟萌芽。

（2）夜间熏烟

在冷空气来临前，在猕猴桃园内做好堆柴烟熏的准备，每亩堆放柴火 6 ~ 7 堆，当夜间温度降至 0 ℃时，立即点燃。

（3）喷施磷酸二氢钾

对萌芽至开花期的猕猴桃树，在冻害来临前，喷施 0.3% ~ 0.5% 磷酸二氢钾溶液。

（4）喷施盐水

在低温冻害来临前，树体喷 10% ~ 15% 盐水。

2. 防日灼措施

（1）遮光

搭建黑色遮阳网防晒，大棚栽培注意防止早期落叶。

（2）科学灌水

晴天上午利用喷灌系统喷水降温，增大果园湿度。

3.防台风措施

（1）台风前防护

清理沟系，确保雨后水能及时排出；加固大棚；未进入采摘期的品种要提前做好病害预防措施。

（2）台风灾后管理技术要点

①开沟排水。园内有积水，应开沟排水。排水后数日及时松土散墒，把根颈周围的土壤扒开晾根，增大蒸发量，提高土壤通气性，促使根系尽快恢复吸收机能。

②清除树冠残留异物，必要时可用清水喷洗树冠。外露的根系要晾根后重新埋根入土，并培土覆盖。土壤浇施或微喷灌施1次叶面肥（如翠康）等促进发根，促进根系恢复和生长。

③适时松土和根外追肥。水淹后，园地板结，造成根系缺氧。在脚踩表土不黏时，进行浅耕松土，促发新根。松土后，依树势、树龄、产量等适时追肥。

④适度修剪。重灾树修剪稍重，轻灾树轻剪。对灾后落叶的树及时修剪枯枝，回缩到健康枝段部位。全树剪去枯枝、病虫枝、纤弱枝，使树体通风透光。

⑤病虫防治。涝后易感溃疡病等病害，可全园喷布3～5波美度石硫合剂清园1次，进行全园杀菌。若出现溃疡病，则间隔10～15天喷一次防治药剂，连喷2～3次，落叶后可加大浓度，采用淋洗式喷雾，连喷2次。若出现褐斑病等叶部病害，间隔7～10天喷一次防治药剂，连喷3次。

八、采收要求

（1）根据果实成熟度、用途和市场需求分期分批采摘；鲜食采摘期可溶性固形物含量应达到6.5%以上；果面有水渍时和高温时段，不宜采摘。

（2）采收时戴上手套，轻摘、轻拿、轻放、轻装、轻卸，避免划伤、刺伤、压伤果实。

（3）采收后在果园立即进行分级包装，或及时运到预冷场地从速进行分级包装。不应用麻袋、编织袋等软包装盛放。没有预冷条件的，从采收到入库不宜超过24小时。

九、质量等级要求

1. 基本要求

果实达到可采成熟度，具有本品种应有的果形、色泽，果实发育充分、果形端正、无畸形果、果面完好，无腐烂无异味、无不正常外来水分；无变软，无明显皱缩；肉质细嫩，味甜多汁，香气浓；污染物限量应符合 GB 2762 的规定；农药最大残留限量应符合 GB 2763 的规定。

2. 理化指标

（1）生理成熟果（采摘时）的理化指标应符合表 4 的规定。

表 4　生理成熟果的理化指标

项目	指标	检测方法
可溶性固形物（%）	≥6.5	按 NY/T 2637 的方法测定
总酸（%）	≤1.5	按 GB 12456 的方法测定
每100克果肉维生素C含量（毫克）	≥100	按 GB 5009.86 的方法测定

（2）后熟果的理化指标应符合表 5 的规定。

表5　后熟果的理化指标

项　目		指　标	检测方法
可溶性固形物（%）	红阳	≥16.5	按NY/T 2637的方法测定
	东红	≥15.5	
	金丽、金艳、魅力金果	≥14.5	
	华特	≥10	
总酸（%）		≤1.4	按GB 12456的方法测定
每100克果肉维生素C含量（毫克）		≥100	按GB 5009.86的方法测定

3. 等级划分

猕猴桃鲜果分为特级、一级和二级，各等级指标应符合表6的要求。

表6　猕猴桃鲜果等级指标要求

项目		等级			检测方法
		特级	一级	二级	
果面缺陷	果实表面水渍印、泥土等污染总面积（厘米²）	无	≤1	≤2	在自然光下目测，果面和果肉缺陷可借助放大镜、水果刀、量具等进行
	轻微擦伤、已愈合的刺伤、疮疤等果面缺陷总面积（厘米²）	无	≤1	≤2	

（续）

项目		等级			检测方法
		特级	一级	二级	
果肉缺陷	空心、木栓化或者果心褐变等果肉缺陷总面积（厘米²）	无	≤1	≤2	在自然光下目测，果面和果肉缺陷可借助放大镜、水果刀、量具等进行
单果重（克）	小果类型（华特）	≥50	40～<50	30～<40	电子天平测定单果的重量
	中果类型（红阳、东红）	≥125	90～<125	75～<90	
	大果类型（金丽、金艳和魅力金果）	≥150	110～<150	90～<110	

十、标识和包装

1. 标识

应符合GB/T 191和GB 7718的相关规定。外包装箱（盒）上应标明猕猴桃品种、产地、等级、净含量、装箱日期等内容。加贴浙农码。

2. 包装

（1）每个包装内的猕猴桃产地、品种、等级均应相同。

（2）包装材料应无毒、无害、清洁、柔软，具有一定的透气性。外包装材料还应牢固、美观、干燥。

十一、贮藏保鲜

贮藏库温度应达到0.5 ～ 2.5 ℃。果实入库前需预冷，将果实温度迅速降至适宜的贮藏温度。不同品种、不同规格、不同时间入库的果实应装入保鲜袋入库，进行分库分垛堆码贮藏，不能与释放乙烯的水果混放。

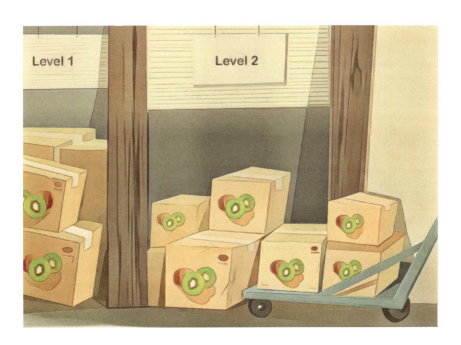

十二、承诺达标合格证和农产品质量安全追溯系统

上市销售猕猴桃时，相关企业、合作社、家庭农场等规模生产主体应出具承诺达标合格证。

规模以上主体应纳入追溯平台，优先考虑通过浙江农产品质量安全追溯平台实现统一信息查询。

参 考 文 献

黄宏文, 2009. 猕猴桃驯化改良百年启示及天然居群遗传渐渗的基因发掘[J].植物学报(2): 127-142.

姜转宏, 2007. 猕猴桃产业演化发展探析[J]. 西北农林科技大学学报(社会科学版)(2): 109-112.

朱加虹,刘岩,潘明正,等, 2023. 浙江省猕猴桃产业高质量发展探索与思考[J].农产品质量与安全(3):97-100.

吕斌, 2017. 猕猴桃的贮藏保鲜与加工[J].新农村(10):35-36.

紫叶罗大伦, 2021. 营养全面又能入药的猕猴桃[J].湖南中医杂志, 37(11):17, 64, 97, 99.

李岚欣,孙洁,辛奇,等, 2022. 乡村振兴背景下我国猕猴桃产业技术高质量发展分析[J].保鲜与加工, 22(7):82-90.

周慧芬,柏德玟,姚莹,等, 2021. 浙江省水果产业发展现状与"十四五"发展对策[J].中国农技推广, 37(9):6-8.

戢小梅, 翟敬华, 陈志伟,等, 2020. 猕猴桃的营养成分与保健功能[J]. 湖北农业科学, 59(S1): 386-388, 420.

李根,王强,何斌,等,2023. 避雨设施栽培下不同肥水管理对猕猴桃生长的影响[J].四川农业科技 (4):39-42, 47.

宋振峰,常希忠,马亚丽,等,2023. 猕猴桃现代立体栽培技术初探[J].果树资源学报,4(3):69-72.

蒋芯,颜丽菊,张海燕,2023. 22个猕猴桃品种的果实品质比较研究[J].中国南方果树,52(4):114-117.